PRÜGELBROT STATT GEISTERSPUK

WHO YOU GONNA CALL?
BREAD BUSTERS

Ein Ort. Tausend Geschichten.

One place. A thousand stories.

Band 1

HERAUSGEGEBEN VON | *PUBLISHED BY*
Martin Haltrich

Edition Stift Klosterneuburg

IMPRESSUM

HERAUSGEBER | *PUBLISHER*

Martin Haltrich

IDEE | *CONCEPT*

Walter Hanzmann, Matthias Hofmeister-Kiss

REDAKTION | *EDITORIAL WORK*

Sabine Miesgang

AUTORINNEN UND AUTOREN | *AUTHORS*

Lisa Bauer, Sarah Deichstetter, Martin Haltrich, Katharina Maria Hofer, Matthias Hofmeister-Kiss, Manuel Kloibhofer, Edith Kapeller, Helena Kramářová, Herbert Krammer, Sabine Miesgang, Amelie Rakar, Jacqueline Schindler, Julia Anna Schön, Ulrike Wagner, Stephanie Zima

ENGLISCHE ÜBERSETZUNG | *TRANSLATION INTO ENGLISH*

Sarah Deichstetter

LEKTORAT | *EDITING*

Flora Prohaska

GRAFISCHE GESTALTUNG | *BOOK DESIGN*

Geri Hammerer

DRUCK | *PRINTED BY*

Riedeldruck

UMSCHLAGBILD | *COVER*

Hermann Samwald (1895-1984)

mit freundlicher Genehmigung des Stadtmuseums Klosterneuburg (Inv. Nr. GR 2233)

Edition Stift Klosterneuburg im Delta X Verlag
ISBN: 978-3-903229-26-6

INHALT | *CONTENT*

Es ist viel passiert in Klosterneuburg. Zwei Jahrtausende lang ist dieser Platz am großen Fluss schon besiedelt und seit neun Jahrhunderten leben und arbeiten hier kontinuierlich Menschen. Es gibt einiges zu erzählen von dem, was die Leute hier gemacht und gedacht haben, von Katastrophen und Großprojekten, von Lebenskonzeptionen oder einfach von witzigen Begebenheiten.

Das Stift Klosterneuburg ist voll von Spuren der Erinnerung, die in den Gebäuden, Kunstwerken, Büchern oder schriftlichen Aufzeichnungen aller Art gespeichert sind. An diesen Objekten hängen die unterschiedlichsten Geschichten, die allerdings immer wieder zeitgemäß erzählt werden müssen. Denn ein Objekt ist prinzipiell neutral und nicht für jede Generation gleich bedeutend. Erst eine in aktueller Perspektive und Sprache erzählte Geschichte gibt dem Material Bedeutung und stellt eine Beziehung, einen Kommunikationsraum her.

Vielleicht ertappen Sie sich manchmal, wenn Sie an einem Ort vorbeikommen, wo Sie selbst etwas erlebt haben oder sich geschichtsträchtige Dinge ereigneten – eine Kindheitserinnerung, ein Abschied, ein Denkmal – und jedes Mal blitzt im Kopf diese Geschichte auf. Vielleicht haben Sie auch das Bedürfnis, diese orts- oder objektgebundenen Erinnerungen zu teilen und jemandem davon zu erzählen. Sie teilen Ihre Geschichte mit und lösen im Gegenüber eine Vorstellung aus, Ihre Erzählung stellt eine Beziehung her, die zu einem Austausch führt, und kann als gemeinsame Geschichte weitererzählt werden. Hast Du schon gewusst, dass ...?

Dieses Buch ist eine Einladung zu 50 Geschichten über das Stift Klosterneuburg, die junge Geisteswissenschaftler*innen zusammengetragen haben. Sie beschäftigen sich im weitesten Sinne mit den historischen Quellen der stiftlichen Sammlungen und bieten einen Blick von außen auf die sogenannten Hausnarrative des Stiftes. Einiges wird bekannt sein, manches ist neu, aber alles ist sorgfältig recherchiert und – manchmal mit Augenzwinkern – zeitgemäß erzählt.

Es passiert viel im Stift Klosterneuburg, einem
Ort mit (mindestens) tausend Geschichten.

Martin Haltrich

A lot has happened in Klosterneuburg. This site, right next to the great river, has been populated for two millennia and for over nine continuous centuries, people have lived and worked here. There's a plethora of stories to tell us about what these people have done and thought, of calamities and innovation, of life concepts and of simply funny tales.

Klosterneuburg Abbey is a place brimming with traces of history, written into the buildings, art pieces, books and records – these are the keepers of various stories, stories that must be told in a contemporary way. The objects themselves are neutral entities that gain and lose significance throughout the ages. It is the stories, told in contemporary language and from a contemporary perspective, that give meaning to a material object.

Maybe you have already caught yourself walking past a place where you have experienced something or where an important historical event has happened – a childhood memory, a farewell, a memorial – and had to think back of involuntarily. Maybe you even wish to share those memories, tied to objects and places! By telling your tale, you evoke new thoughts within your listeners; your story leads to an exchange and can thus be shared as a collective tale. Have you heard that...?

This book is an invitation to witness 50 stories of Klosterneuburg Abbey that have been compiled by young humanity scholars. They work with the abbey's historical sources and offer us a chance to view the house's narratives from a new perspective. Some things you might already know, some things you might not – but whatever the story, rest assured that it has been compiled through meticulous research.

A lot is still happening in Klosterneuburg,
a place with (at least!) a thousand stories.

Martin Haltrich

1

EINE KOSTBARE GESCHICHTE

Martin Haltrich

Bereits zur Grundsteinlegung der Stiftskirche im Jahr 1114 wurde eigener Klosterneuburger Wein zur Verköstigung der Gäste ausgeschenkt. So ist es noch heute in der Gründungsurkunde zu lesen, die im Stiftsarchiv überliefert ist. Die lange Geschichte des Weinguts begann vor über 900 Jahren mit dem Stiftsgründer, dem Babenberger Markgrafen Leopold III., der den Augustiner-Chorherren auch Felder, Wiesen, Wald und Weingärten schenkte. Bis heute wird die Tradition des Weinbaus vom Stift Klosterneuburg als ältestem Weingut Österreichs weitergeführt. Die hier hergestellten Weine können das ganze Jahr über in der Vinothek verkostet werden. Verbunden mit den tausenden hier erzählten Geschichten entsteht ein besonderer Geschmack.

TALE AS OLD AS WINE

When the foundation stone of the abbey church was laid in 1114, a special Klosterneuburg wine was served to guests. We know about this thanks to documents preserved in the Abbey Archives. The long history of the winery began over 900 years ago with the founder of the abbey, the Babenberg Margrave Leopold III, who also donated fields, meadows, woods and vineyards to the Augustinian canons. To this day, Klosterneuburg Abbey is the country's oldest winery. The wines produced here can be tasted all year round in the vinotheque. The flavours of the wine, together with the thousands of stories told by the old buildings, leave a pleasant aftertaste.

„Stiftsgründung“ von Rueland Frueauf d. J., Stiftsmuseum [GM 84]
"Stiftsgründung" by Rueland Frueauf d. J., Abbey Museum

2. Keller

2

NEUER WEIN IN ALTEN KELLERN

Manuel Kloibhofer

Das Weingut des Stiftes gilt als das älteste des Landes, doch die Altweine im Stiftskeller sind eher jung: Der älteste stammt aus dem Jahr 1959. Denn die Jahrgänge davor fielen russischen Soldaten zum Opfer, die im April 1945 Klosterneuburg besetzten und den Weinkeller des Stiftes plünderten. Die dort gelagerten Kunstwerke blieben zum Glück verschont. Das ist vor allem dem Einsatz des Stiftspfarrers Oswald Rod zu verdanken: Während die Besatzer im Weindunst schwelgten, entfernte er die Eigentumsbezeichnung der Nazis von den Kisten mit den Emailplatten des Verduner Altars und verhinderte deren Beschlagnahme! So erinnert der „junge" Wein im Depot des Stiftes an den Erhalt seiner altehrwürdigen Kunstschätze.

VINO VIDI VICI

Klosterneuburg might be the oldest vinery in Austria, but its wines are relatively young: the oldest is from 1959. The previous vintages fell victim to Russian soldiers that arrived in Klosterneuburg in April of 1945 and looted the wine cellars. The art pieces that were kept nearby luckily didn't seem to be of interest. This can mainly be attributed to the priest Oswald Rod; while the occupying soldiers were busy enjoying the winer things in life, he removed the Nazis' signs of ownership from the boxes the Verdun altar was stored in. Thus, the "young" wine in the abbey cellars is a reminder of the preservation of its precious art pieces.

Kellereingang um 1730/40
Cellar entrance, around 1730/40

EIN LEUCHTENDER HOLUNDERBAUM

Edith Kapeller

3

Wenn mittelalterliche Quellen des Stiftes von einem Objekt, das „Sambucus" – also „Holunder" – genannt wird, erzählen, so handelt es sich dabei nicht um eine Pflanze, sondern um ein prächtiges Kunstobjekt: einen großen siebenarmigen Kerzenleuchter aus Bronze. Er wurde in der ersten Hälfte des 12. Jahrhunderts gefertigt und war wohl ein Geschenk von Agnes, der Ehefrau Leopolds III. Den botanischen Namen bescherten ihm seine baumartige Form sowie sein tatsächlicher Holzkern. Der Legende nach war der Kern aus jenem Holz, in dem sich Agnes' Schleier einst verfing, und tatsächlich handelt es sich bei den erhaltenen Holzresten um Holunderholz! Doch wie das bei Legenden so ist: das Holz stammt aus dem 17. Jahrhundert.

TRUE TO THE CORE

When medieval sources mention an object called sambucus, *thus elderberry, they are not referring to the plant but rather to a massive candleholder made of bronze. It was made in the 12th century and was most likely a present by Agnes, the wife of Leopold III. Its botanical name can be attributed to its tree-like shape and its wooden core. According to legend, this very core was made of the elderberry bush in which Leopold found Agnes' veil. The wood is indeed elder, but like most legends, truth has been slightly tweaked: it can be dated to the 17th century.*

Siebenarmiger Leuchter, Brunnenhaus
Seven-branched candelabra, Lavatorium

4

FRISCHER WIND IN ALTEN KELLERN

Jacqueline Schindler

So imposant das Stift über der Erde thront, so tief reichen seine sehenswerten Weinkeller darunter: Seit der Stiftsgründung 1114 war der Weinbau die wirtschaftliche Basis für das Stift. Die eindrucksvolle Kelleranlage wurde allerdings „erst" im Barock gebaut. Sie erstreckt sich über vier Etagen und reicht bis zu 36 Meter tief in die Erde. Muffige Luft sucht man hier vergebens, denn durch die raffinierte Bauweise wurde ein natürliches Lüftungssystem geschaffen, das die Gewölbe bis heute permanent mit Frischluft versorgt. Sieben Meter dicke Mauern schaffen darüber hinaus konstante Temperaturen im Keller – optimale Bedingungen für die Weinproduktion, die heute mithilfe modernster Technik stattfindet.

BRAVE NEW WINE

The wine cellars run as deep as the abbey is standing tall. Ever since the abbey's foundation in 1114, viticulture has been the economic base for its development. However, the impressive cellar has only been built in the Baroque period. It covers four stories and reaches 36 metres into the ground. One now might think the air down there gets stuffy – but the intricately built underground system creates a natural ventilation system that provides the cellars with fresh air. The temperature is well controlled, as thick walls of seven metres help keep it consistent. Ideal conditions for wine making!

Barocker Weinkeller des Stiftes 1730/40
Baroque wine cellar, 1730/40

IEREMIAS

5

ZWEI HERREN FÜR EIN HALLELUJA

Stephanie Zima

Wir befinden uns im Jahre 1683: Unaufhaltsam nähert sich das osmanische Heer der Stadt Wien. Als die Belagerer in immer bedrohlichere Nähe rücken, flüchtet Propst Sebastian Mayr mit all seinen Chorherren aus Klosterneuburg ins sichere Passau. Mit allen Chorherren? Nein, zwei furchtlose Geistliche, der Laienbruder Marcellinus Ortner und der Priester Wilhelm Lebsafft, halten die Stellung – und die Stadt. Während Ortner die Leitung der militärischen Verteidigung übernimmt, ist Lebsafft um das seelische Wohl der Bevölkerung besorgt. Klosterneuburg übersteht die Attacken uneingenommen und zum Andenken wurden Bilder der Kämpfe gemalt. Das Deckenfresko der Stiftskirche zeigt zum Beispiel das rettende Eingreifen der Jungfrau Maria.

LAST MEN STANDING

The year is 1683: the Ottoman army is relentlessly approaching Vienna. As soon as the foes are in close proximity, Provost Sebastian Mayr and his canons flee to Passau. All canons? No! Two fearless members, the lay brother Marcellinus Ortner and the priest Wilhelm Lebsafft, held the abbey – and the city. While Ortner was in charge of the military defense, Lebsafft took care of the population's spiritual well-being. Klosterneuburg was not overrun, and to commemorate this feat, paintings of the battles were commissioned. The church's ceiling fresco for example shows the intervention of the Holy Virgin Mary, helping the troops.

Deckenfresko von Johann Georg Greiner 1689/95, Stiftskirche
Ceiling Fresco by Johann Georg Greiner 1689/95, Abbey Church

6

WER IM GLASHAUS SITZT, SOLL NICHT MIT BOMBEN WERFEN

Manuel Kloibhofer

Die 1838 zum Schutz tropischer Pflanzen und zur Erholung der Chorherren errichtete Orangerie erlebte so manchen Sturm. In den Wirren des endenden Zweiten Weltkrieges erschütterte ein Knall den Hort der Ruhe, als die Nationalsozialisten 1945 eine nahegelegene Brücke sprengten und das Glashaus schwer beschädigten. 50 Jahre lang wurde der vom Wiener Architekten Joseph Kornhäusel entworfene klassizistische Bau dem Verfall überlassen und entging einem Abriss nur knapp. Seit ihrer Restaurierung aber blüht die Orangerie als Ort der Beschauung und zum Glück für alle Blumenfreunde neu auf: Alle zwei Jahre kann dort die bunte Vielfalt der beliebten Orchideen-Ausstellungen erlebt werden, die jede Vorstellungskraft sprengt.

THE GLASS ORANGERY

In 1838, the so-called Orangerie *was built, a winter garden meant to propagate and protect tropical plants. The fragile construction, which was very popular with the canons as a place of contemplation and relaxation, had faced many difficult times during its existence. When the Nazis blew up a nearby bridge in 1945, the glass ceiling was damaged severely. The building, which was initially built by famous Viennese architect Viktor Kornhäusel, was left to its own devises for 50 years. Luckily, the abbey decided against a demolition and for a renovation. Every two years the building opens its doors to flower-lovers during the popular orchid-exhibition!*

Orangerie von Joseph Kornhäusel um 1840
Orangery by Joseph Kornhäusel around 1840

STIFT
KLOSTER
NEUBURG
STIFTSKELLEREI
KLOSTERNEUBURG
GRÜNER VELTLINER
ÖSTERREICH
ST LAURENT

7

MASSVOLLER FLUG IN RAUSCHIGER HÖHE

Martin Haltrich

Eine österreichische Fluglinie bewies in den 1950er Jahren Geschmack: Den Fluggästen der ersten Klasse wurde Wein aus dem Stift Klosterneuburg serviert. Natürlich war dabei Vorsicht angebracht. Denn damit die gute Laune an Bord nicht ins Unermessliche stieg, kredenzte man den Wein über den Wolken nur in sehr kleinen Fläschchen: 0,375 Liter, um ganz genau zu sein. Besser bekannt ist diese Maßeinheit in der österreichischen Umgangssprache als „Stifterl", vom Bodenpersonal liebevoll benannt nach dem Stift Klosterneuburg. Die Vinothek des Stiftes liegt etwas unterhalb des Bodenniveaus, deshalb kann das Weinderl dort auch problemlos in größeren Schluckerln konsumiert werden.

A GLASS HALF FULL

In the 1950s, an Austrian airline proved its taste: first class passengers were served wine from Klosterneuburg Abbey. Naturally, caution was advised. To prevent the good mood on board from escalating to immeasurable heights, the wine was served in very small bottles: 0.375 litres to be precise. This unit of measurement is better known in colloquial Austrian as Stifterl, *lovingly named by the ground staff after the Abbey of Klosterneuburg. The vinotheque of the abbey is located a little below ground level, so the wine can be consumed there in larger sips without any problems.*

Klosterneuburger Stifterl, Vinothek
"Klosterneuburger Stifterl", Vinotheque

8

EIN GEHÖRIGER FEHLTRITT

Ulrike Wagner

Stift Klosterneuburg am 15. November 1885: Kaiser Franz Josef schreitet mit zwei fackeltragenden Novizen auf den Altar zu. Hinter ihm ertönt die große Orgel mit gewaltigen Klängen. Plötzlich sagt der Kaiser freudig bewegt: „Ah! Der Bruckner!" Nicht nur der Kaiser, sondern auch die Chorherren dürften den Klängen von Anton Bruckner gerne gelauscht haben. Denn jährlich kam er zu Hochfesten wie Weihnachten oder Leopoldi, um die Orgel zu spielen. Doch auch große Orgelmeister treten mal daneben, wie vom Stephanitag 1894 berichtet wird. Zwei Jahre vor seinem Tod beendet Bruckner seinen letzten Klosterneuburgbesuch mit einem Fehltritt im Pedal, aus dem ein herber, dissonanter Abschlussakkord hervorging.

MIND YOUR STEP

Klosterneuburg Abbey, 15 November 1885: Emperor Franz Joseph I and two novices are approaching the altar. Behind them, the organ is playing. Suddenly the emperor exclaims, "Oh! Bruckner!" Not just the emperor was a big fan of the composer, the canons also seemed to be quite fond of his work. The grand master joined the masses at Klosterneuburg on days like Christmas and 15 November to play the organ. And yet, even masters of their craft occasionally make mistakes, just like on Boxing Day 1894: two years before his death, Bruckner finished his piece by stepping on the wrong pedal, creating a very loud and very unpleasant note.

Festorgel von Johannes Freundt 1642, Stiftskirche
Festival Organ by Johannes Freundt 1642, Abbey Church

S·DIVINA·
NCIA
PRVD
VECTE·CRVCIS·LIGNUM·BOTRO:XPI LEGE SIGNATVR
BOTRVS·INVECTE
CENTENO·VIGEN

9

TAFELWEIN

Martin Haltrich

Bei dem verheerenden Brand im September des Jahres 1330, als das Feuer die Stiftskirche erreichte, war das gesamte Löschwasser aus der Stadt bereits aufgebraucht. Um die kostbaren Emailtafeln der Kanzelverkleidung trotzdem zu retten, wickelten die Klosterneuburger diese in weingetränkte Tücher ein und brachten sie auf diese Weise unbeschadet aus der brennenden Kirche. Propst Stephan von Sierndorf ließ aus den geborgenen Tafeln schließlich einen Flügelaltar schaffen, den Verduner Altar – einen der bedeutendsten Kunstschätze aus dem Hochmittelalter! Dank der weinschwangeren Rettung kann man das fast 850 Jahre alte Goldschmiedewerk noch heute im Stift besichtigen. Sein Genuss ist erhebend!

TABLE WINE

In 1330, a scorching fire engulfed the city of Klosterneuburg and when the flames reached the abbey, all the water had already been used up. In order to save the precious enamel panels of the Verdun altar, the canons wrapped them in cloth drenched in wine. This way, they were able to transport them, out of the burning church and into safety. Provost Stephan von Sierndorf had them formed into a winged altar, the Verdun altar – one of the most precious art pieces of the High Middle Ages. Thanks to the canons' quick response the 850-year-old masterpiece can still be seen today!

Emailtafel des Verduner Altars von 1181, Leopoldskapelle
Enamel panel of the Verdun Altar from 1181, Chapel of Leopold

1570

10

WER HAT AN DER UHR GEMALT?

Amelie Rakar

Steht man im Leopoldihof und richtet seinen Blick nach oben, entdeckt man eine bunt gestaltete Sonnenuhr. Sie ziert den Eingang des heutigen Stiftsarchivs, wo sich früher die Burg des Markgrafenpaares Leopold und Agnes befand. Über die Jahrhunderte wurde das Gebäude für verschiedene Zwecke genutzt und immer wieder umgebaut. Im Jahr 1569 brach in diesem Teil des Stiftes ein schrecklicher Brand aus, der große Teile des Gebäudes zerstörte. Neben den Ziffern der Uhr und einem gemalten Mond ist heute noch die Jahreszahl 1579 zu sehen. In diesem Jahr war der Wiederaufbau abgeschlossen und seitdem ist die Sonnenuhr intakt. Außer im Sommer, denn eine Zeitumstellungsautomatik war noch nicht erfunden.

A SIGN OF THE TIMES

If you are in the Leopoldihof *and look up, you will discover a colourful sundial. It adorns the entrance of today's Abbey Archives, right where the castle of the margrave couple Leopold and Agnes used to be. Over the centuries, the building was used for various purposes and has been reconstructed several times. In 1569, a terrible fire broke out in this part of the abbey, which destroyed large parts of the building. Apart from the numbers on the clock and a painted moon, the year 1579 can still be seen today. In that very year the reconstruction was completed and since then, the sundial has been intact. Except, of course, in summer, as automatic adjustment to daylight saving time had not yet been invented.*

Sonnenuhr von 1579, Leopoldihof
Sundial from 1579, Leopoldihof

11

VOM WINDE VERWEHT...

Matthias Hofmeister-Kiss / Sabine Miesgang

Am Anfang war der Wind: Dieser entführte der Legende nach nämlich den Brautschleier der frischvermählten Agnes von Waiblingen. Die Kaisertochter und ihr Bräutigam, der Babenberger Markgraf Leopold III., konnten ihn nirgends finden. Neun Jahre später führten Leopold seine Hunde bei der Jagd zu einer Lichtung, auf der ein blühender Holunderbusch wuchs. Darauf fand er den verlorenen Schleier seiner Gemahlin – völlig unversehrt! Er löste in der Folge sein Versprechen ein, an der Fundstelle ein Kloster als geistliches Zentrum und Herrschaftssitz zu errichten. Blicken wir heute auf den Schleier der Agnes in der Schatzkammer des Stiftes, wird die Geschichte des Paares – und somit auch des Stiftes – wieder lebendig.

BLOWIN' IN THE WIND

In the beginning was the wind: according to legend, it took the veil of the newly wed Agnes of Waiblingen. She and her husband Margrave Leopold III of Babenberg could not find it anywhere. Nine years later, Leopold's hunting dogs led him to a meadow where an elderberry bush was in full bloom. In it, Leopold found his love's veil, completely unscathed! He vowed to build an abbey and residence on the very site he found the veil. Nowadays we can view Agnes' veil in the abbey's treasury and reminisce on the founding history.

Reisealtar von 1723, Schatzkammer [KG 99]
Portable altar from 1723, Treasury

HINTER STIFTLICHEN GARDINEN

Herbert Krammer

12

Der Weg zum Pfisterstiegenhof des Stiftes führt an der Tür des heute noch erhaltenen Kerkerkellers vorbei – ein Gefängnis, das noch bis zur Mitte des 19. Jahrhunderts in Verwendung war. Solche Arrestzellen waren nötig, denn als Grundherr musste das Stift Gericht über seine Untertanen halten. Für kleinere Vergehen büßten die Missetäter neben Geld- und Schandstrafen auch Haftstrafen ab. So landeten „liederliche" Männer und Frauen im Kerker, aber auch Diebe, Schmuggler, Landstreicher oder Wilderer. Ihre Zeit in Haft vertrieben sich die Gesetzesbrecher gerne damit, sich mit Graffitis an den Wänden zu verewigen. Ganz so streng dürfte es aber nicht zugegangen sein, denn immer wieder gelang den Delinquenten die Flucht.

ONCE UPON A CRIME

If you go to the Pfisterstiegenhof, *you come across the entrance of the abbey's still intact* Kerkerkeller *– a dungeon that was in use up until the middle of the 19th century. This was necessary because the abbey as landlord had to pass judgement on its tenants. Lesser offences resulted in penalties, public humiliation or imprisonment. Thus, 'dissolute' men and women, as well as thieves, smugglers, vagabonds and poachers ended up in the dungeons. The prison sentences were often spent by drawing graffiti on the walls. It appears that the abbey wasn't entirely strict though, as many of the delinquents managed to flee.*

Kerkerkeller, um 1600
"Kerkerkeller", ca. 1600

13

EIN LEUCHTTURM FÜR DIE SEELEN

Herbert Krammer

Neben der Stiftskirche ragt eine zierliche gemauerte Säule, eine mittelalterliche Totenleuchte, zehn Meter hoch in die Luft. Diese beleuchtete jahrhundertelang den Friedhof und diente dem ewigen Gedenken an die Toten. Unterhalb des Lichthäuschens stellen sechs Reliefs wie ein Comic Szenen der Passion Christi dar. Errichten ließ die *lucerna in lapidea* – die Lampe aus Stein – der Klosterneuburger Ratsbürger Michael Tutz im Jahr 1381 als Dank für eine überstandene Pestepidemie. Sein Name ist auf der Säule selbst nicht verewigt, nur durch alte Urkunden kommt man ihm auf die Spur. Später wurde der Friedhof vor die Stadt verlegt, die Tutz-Säule erinnert aber noch heute an seinen einstigen Platz.

A BEACON OF REMEMBRANCE

Next to the church, a graceful medieval brick column rises ten metres into the air. It illuminated the cemetery for centuries and served as an eternal reminder of the dead. Below the light house, six reliefs depict scenes from the Passion of Christ, almost like a comic strip. The lucerna in lapidea *– the lamp made of stone – was built in 1381 by Michael Tutz, a citizen of the Klosterneuburg council, in gratitude for having survived a plague epidemic. However, his name has not been immortalised on the column itself, we only know of him through archival documents. Later, the cemetery was moved outside the town, but the Tutz column still serves as a reminder of its former location.*

Die Tutzsäule von 1381, Stiftsplatz
Column donated by Michael Tutz in 1381, Stiftsplatz

14

BLOSS NICHT DEN KOPF VERLIEREN

Edith Kapeller

Alle, die schon einmal zu Leopoldi in Klosterneuburg waren, haben sie gesehen: die prachtvoll geschmückte Schädelreliquie des Heiligen Leopold. Jedes Jahr am 15. November wird sie in einer Prozession in die Stiftskirche getragen. Der Schädelknochen des Stiftsgründers ist mit Samt überzogen und auf einem roten Kissen befestigt, nur die Stirnplatte liegt frei. Den Samt schmücken Perlen und Edelsteine, auf dem Hinterkopf sitzt eine kleine Kopie des Erzherzogshutes. Diese kostbare Fassung stammt aus dem Jahr 1677. Die Schädelreliquie ist mit Sicherheit das wertvollste Objekt des Stiftes Klosterneuburg und darf keinesfalls verloren gehen. Deshalb wird sie besonders sicher in der Schatzkammer aufbewahrt.

DON'T LOSE YOUR HEAD

Everyone who has visited the abbey during St. Leopold's festivity surely has seen him: the richly adorned relic of Leopold's skull. The cranial bones are covered in velvet and attached to a red cushion, leaving only the front plate visible. The velvet is bejewelled with pearls and gemstones, the back of the head carries a small copy of the archducal hat. This precious frame was crafted in 1677. The relic is, without a doubt, the most valuable possession of the abbey and must never be damaged or harmed. Therefore, it is kept securely in the treasury.

Schädelreliquie, Schatzkammer
Relic of St. Leopold's skull, Treasury

15

HEILIGE SOLL MAN FEIERN, WIE SIE FALLEN

Katharina Maria Hofer

Jedes Jahr am 15. November dürfen sich Schülerinnen und Schüler in Niederösterreich über einen schulfreien Tag freuen. Grund dafür ist der Todestag des Heiligen Leopold, der im Jahr 1136 bei einem Jagdunfall tödlich verunglückte. Am Festtag des Stiftsgründers wurde früher zu Banketten, Turnieren und Tänzen geladen. Heute zieht ein Jahrmarkt, der nach altem Brauch aufgestellt wird, zahlreiche Menschen aus ganz Österreich nach Klosterneuburg. Neben Weinverkostungen und einem Vergnügungspark kann man im Binderstadl am Stiftsplatz auch über das berühmte Tausendeimerfass rutschen. Die Rutschenden werden gut gesichert, denn nur wer den Rutsch unfallfrei übersteht, darf sich auch etwas wünschen.

A LITTLE PARTY NEVER HURT NOBODY

Every year, students all over Lower Austria celebrate the 15 November, for they have a day off school. The reason for this is the anniversary of St. Leopold's death, who died in 1136 after a hunting accident. In previous days, this feast day was celebrated with banquets, tournaments and dances. Nowadays, a fair draws countless Austrians to Klosterneuburg. Apart from wine tastings and the fun fair, another attraction is sliding down the Tausendeimerfass *at the* Binderstadl. *The ones sliding are well supported – for only those who manage to do it unscathed can make a wish.*

Leopoldifest, Rathausplatz
Festivities in honour of St. Leopold, Rathausplatz

EIN LAUSIGER POLIZEI-EINSATZ

16

Manuel Kloibhofer

1860 stellte das Stift Klosterneuburg den Leopoldihof für die Gründung der ersten Weinbauschule des Landes zur Verfügung. Direktor August Wilhelm von Babo legte an diesem Ort den Grundstein für den modernen Weinbau. Sein Weg dorthin war jedoch turbulent: Zeitweilig konnte von Babo das Stift nur unter Polizeischutz aufsuchen! Grund dafür waren Anfeindungen lokaler Winzer, deren Ernte von der Reblaus gefressen wurde. Diese hatte der Direktor nämlich höchstpersönlich von einer Forschungsreise aus Nordamerika versehentlich mit nach Hause gebracht. Der unermüdliche Weinbauforscher wurde dem Schädling aber wieder Herr. Sein Arbeitsweg war nun ebenso gesichert wie der Erfolg einer der ältesten Weinbauschulen der Welt.

WHAT A LOUSY TRIP

In 1860, the Abbey of Klosterneuburg offered the Leopoldihof *for the foundation of the country's first school of oenology. Director August Wilhelm von Babo laid the foundation stone for modern viticulture at this location. However, his journey to get there was turbulent: for a while, von Babo was only able to visit the abbey while under police protection! The reason for this was hostility from local wine-growers, whose harvest was eaten by phylloxera. The director himself had accidentally brought the phylloxera home from a research trip to North America. But the tireless oenologist was able to get the pest back under control. His career path was now just as assured as the success of one of the oldest viticulture schools in the world.*

Weingarten des Stiftes am Wiener Nussberg
One of the abbey's vineyards, Nussberg, Vienna

EIN FENSTER INS PARADIES

Manuel Kloibhofer

17

Ein mittelalterliches *Kräutergärtlein*, ein Renaissancegarten mit *Feuerbrunnen* oder ein zur modernen Parkanlage gewandelter *Teichgarten*, unter dem ein Biomasseheizwerk Wärme in die Klostermauern bringt: Die Stiftsgärten sind voller Zeichen und Geheimnisse. Sie geben Einblick in die Jahrhunderte – und sogar ins Paradies. Denn der Kreuzgarten ist das spirituelle Herzstück aller Gärten des Stiftes. Seine Gestaltung ist bis ins kleinste Detail mit Bedeutung aufgeladen und verweist auf das himmlische Paradies als *hortus conclusus*, als „verschlossener Garten", den wir (noch) nicht betreten können. Erahnt werden kann die geheime Schönheit des Paradieses aber durch ein kleines, offenes Fenster im Kreuzgang des Stiftes.

A WINDOW TO PARADISE

A medieval Kräutergärtlein, *a Renaissance-garden with a* Feuerbrunnen *or a modernised* Teichgarten *above a biomass heat plant: the abbey's gardens are full of secrets and surprises. They portray different centuries and even grant us a look at paradise! The cloister garden is the spiritual centre piece of all the gardens. Its design, full of little details, alludes to the heavenly Paradise as* hortus conclusus *or 'closed garden', which we are yet unable to enter. A small, open window lets us surmise paradise and its secret beauty.*

Ein Blick in den Kreuzgarten, Kreuzgang
View into the cloister garden, Cloister

BRETTER, DIE DAS AUS BEDEUTEN

Katharina Maria Hofer

18

Ab 1730 ließ Kaiser Karl VI. das Stift Klosterneuburg umbauen: Er wollte eine prunkvolle Klosterresidenz wie den spanischen Escorial auch in Klosterneuburg erschaffen. Die Sala terrena, deren Decke von riesigen Skulpturen gestützt wird, war auch Teil dieses Umbaus. Die Pläne wurden jedoch nie vollständig umgesetzt, da nach dem plötzlichen Tod des Kaisers 1740 die Arbeiten an dem unfinanzierbaren barocken Großprojekt sofort gestoppt wurden. Kaisertochter Maria Theresia hatte kein Interesse an der Klosterneuburger Residenz und somit blieb der „Österreichische Escorial" unvollendet. An den abrupten Abbruch erinnern heute noch zwei Holzbretter des Gerüsts am Gang zur Sala terrena. Sie spielen seit 1740 eine tragende Rolle.

PERFORMANCE IN A SUPPORTING ROLE

In 1730 Emperor Karl VI started reconstructing the abbey: his goal was to build a pompous monastic residence inspired by the Spanish Escorial. The Sala terrena, *whose ceiling is held up by gigantic sculptures, was part of this project. The plans were never fully realised, as Karl VI died in 1740 and the work on this unaffordable project was stopped immediately after. His daughter Maria Theresia had no interest in the Klosterneuburg residence and thus, the "Austrian Escorial" stayed uncompleted. Two wooden planks that can be found in the wall niches in front of the* Sala terrena *remind us of the project's abrupt end – they have been cast in a supportive role since 1740.*

Originalbrett des Baugerüstes von 1740, Sala terrena
Plank of the 1740-scaffold, Sala terrena

19

NICHT VOR DIE HUNDE GEGANGEN

Stephanie Zima

Während des Gefechtes zwischen den Klosterneuburgern und dem osmanischen Heer im Juli 1683 setzten feindliche Geschoße das Stiftsspital in Brand, in dessen Stall die landesfürstlichen Jagdhunde untergebracht waren. Bei diesen handelte es sich nicht um gewöhnliche Tiere: Einer alten Sage zufolge stammten sie nämlich von genau jenen Hunden ab, die für Leopold einst den legendären Schleier seiner Gattin Agnes im Wald aufgespürt hatten. Die Feuersbrunst verschlang die umliegenden Gebäude der Stadt und auch einen neben dem Hundeverschlag wachsenden Nussbaum. Die Flammen griffen jedoch nicht auf den Stall über, sodass die besagten Hunde verschont blieben und überlebten. Es war ein Wunder – und durch ein Flugblatt verbreitete sich die Kunde davon wie ein Lauffeuer!

WHO LOCKED THE DOGS IN?

During the battle of Klosterneuburg and the Ottoman army in July 1683, the enemy's missiles brought fire upon the abbey's hospital. In its stables, the sovereign's hunting dogs were being kept. Those were not your usual dogs: according to legend, they were descendants of St. Leopold's hounds, the very canines who found Agnes's veil. The fire engulfed all the surrounding buildings and even destroyed the walnut tree right next to the dogs' shed. The flames miraculously spared the stables and none of the dogs were harmed – and thanks to pamphlets this story spread like wildfire!

Schleiermonstranz von Johann Baptist Känischbauer 1714, Schatzkammer
Monstrance with Agnes' veil by Johann Baptist Känischbauer, 1714, Treasury

20

BERUF: AUGUSTINER-CHORHERR

Sabine Miesgang

Es war die Nähe der Augustiner-Chorherren zu den Menschen, die den Stiftsgründer Markgraf Leopold III. zu der Entscheidung brachte, diesen Orden im Jahr 1133 nach Klosterneuburg zu holen. Denn im Unterschied zum zurückgezogenen Mönchtum leben die Augustiner-Chorherren als Priester in der klösterlich organisierten Gemeinschaft nach der Regel des Heiligen Augustinus zusammen – sie sind also Regularkanoniker. Damals galten sie außerdem als einer der modernsten Orden der römisch-katholischen Kirche! Heute noch gehen die Chorherren ihrer wichtigsten Berufung nach: der Seelsorge für die Menschen außerhalb des Stiftes. In insgesamt 28 Pfarren kümmern sich die Klosterneuburger Priester um ihre Glaubensgemeinden.

CANONS IN COMMUNITIES

In 1133, Margrave Leopold III decided to give his abbey to the Augustinian canons. This decision was driven by the canons' closeness to the people and their willingness to help the poor. In contrast to other orders that favour a secluded monastic life, the canons are priests living within a monastically organised community – following the Rule of St. Augustine. Thus, they are also referred to as Canons regular. Back in the day, they were also viewed as one of the most modern orders within the Roman Catholic Church. Nowadays, the canons still follow their most important mission: pastoral care. In 28 parishes, the Klosterneuburg priests are taking care of their communities.

Chorherren vor der Stiftskirche
Canons in front of the Abbey Church

21

EIN ROTER IM KELLER

Amelie Rakar

Die barocke Kellerstraße führt unterirdisch vom Garten in den Apothekerhof und es gibt Gerüchte, dass Kaiser Karl VI. dort unerkannt ein- und ausfuhr. Sicher ist, dass ein anderer Wiener Herrscher den Schleichweg benutzte: Es muss wohl – Propst Bernhard erinnert sich – Ende der 1960er gewesen sein, als Bruno Kreisky durch den Keller kam. Das Verhältnis zwischen Sozialismus und Kirche war angespannt. Aber der SPÖ-Vorsitzende und der Wiener Erzbischof trafen sich heimlich im Stift. Während der Kardinal das Gebäude durch den Haupteingang betrat, musste der Sozialist getarnt durch die Kellerstraße ins Stift fahren. Die Gespräche waren erfolgreich, schließlich wurde Franz König auch der „Rote Kardinal“ genannt.

GREAT MINDS DRINK ALIKE

Beneath the abbey, the baroque Kellerstraße leads from the garden to the pharmacy courtyard. There are rumours that Emperor Karl VI used this passage to enter and exit the building unrecognised! It is certain that another Viennese ruler has used it: It must have been – Provost Bernhard remembers – in the late 1960s when Bruno Kreisky visited through the cellar. The relationship between socialism and the church was tense, but the SPÖ chairman and the Archbishop of Vienna secretly met in the abbey. While the cardinal entered the building through the main entrance, the socialist, in disguise, had to take the cellar road. The talks were successful, and Franz König was also called the "Red Cardinal".

Kellerstraße um 1730/40
"Kellerstraße", around 1730/40

22

VERGANGENE ZUKUNFT

Amelie Rakar

An vielen Ecken und Enden lässt sich in Klosterneuburg heute noch das Mittelalter erblicken. Etwa im Leopoldihof: Dort befindet sich die alte Prälatur mit ihrem großen Maßwerk-Fenster, das Licht in die ehemalige Thomas-Kapelle wirft. Das heutige Aussehen erhielt das Gebäude Anfang des 17. Jahrhunderts durch den Baumeister Andreas Piatzu. Er fügte Elemente aus vergangenen Epochen mit jüngeren Baustilen zusammen. Dadurch schuf er ein für diese Zeit seltsames, aber neuartiges Bauwerk. Denn obwohl der Historismus der Wiener Ringstraße noch gut 200 Jahre auf sich warten lassen wird, vereinte der Baumeister in Klosterneuburg gotische Spitzbögen mit Elementen der Renaissance. Damit war er seiner Zeit genauso voraus wie hintennach.

DAYS OF FUTURE PAST

The Middle Ages left their traces in Klosterneuburg wherever one looks. One example is the Leopoldihof *where we can see the old prelature with its enormous tracery window, providing the former Chapel of St. Thomas with light. The building was redesigned and put into its current state in the early 17th century by the architect Andreas Piatzu. He combined elements of past epochs with then-modern styles, resulting in this somewhat strange yet novel building. While the historicism of the Viennese* Ringstraße *would still have to wait for about 200 years, Piatzu rebuilt the abbey using gothic pointed arches and elements of renaissance architecture. He was ahead of his time – and at the same time old-fashioned.*

Maßwerk-Fenster von 1609, Leopoldihof
Tracery window from 1609, Leopoldihof

FEUER IM GEMÄUER

Sarah Deichstetter

23

Im Mittelalter waren viele Häuser aus Holz gebaut, Feuerwehren und Rauchfangkehrerzünfte noch nicht erfunden und landesfürstliche Feuerordnungen Mangelware. Das alles machte Feuersbrünste zu gefürchteten Bedrohungen. Und wirklich: Im September 1330 – der Schreiber Leuthold saß gerade im Skriptorium und kopierte ein Psalterium – wurde das Stift ein Raub der Flammen. Leuthold berichtet uns Folgendes: „Als ich zur Stelle ‚Deus venerunt' kam, wurde das Stift vom Feuer, das von der Stadt her kam, ergriffen und zur Gänze eingeäschert." Diese Nachricht schrieb er auf Blatt 41 eines Buches mit der Signatur CCl 963, das sich noch heute unversehrt in den Regalen der Stiftsbibliothek befindet.

A BAPTISM BY FIRE

In the Middle Ages most houses were made of wood, fire brigades and chimney sweep guilds were yet to be founded and fire safety laws were scarce. This meant that fire was a very real and dreaded danger. In September of 1330, as the scribe Leuthold was busy copying a psalter, the abbey was engulfed by flames. Leuthold tells us the following: "When I wrote 'Deus venerunt' the abbey was caught by the fire that came from the city and was completely destroyed." This note was written on folio 41 of a book with shelf mark CCl 963, that can still be found – unscathed! – in the abbey's bookshelves.

Psalterium des Leuthold, Stiftsbibliothek [CCl 963, fol. 41v]
Leuthold-psalter, Abbey Library

24

DER VERLORENE SOHN

Amelie Rakar

Anfang des 12. Jahrhunderts ließ Leopold III. seine Residenz sowie ein Kloster an der Donau nördlich von Wien errichten – und dabei nahm er sich Großes vor: Die Kirche besaß für die damalige Zeit nämlich monumentale Ausmaße! Einen richtigen Dom hatte Leopold für Klosterneuburg vor Augen, als er den Auftrag gab. Das Ziel war ein eigenes Bistum und wer Bischof sein sollte, war auch schon klar: Leopold ernannte seinen Sohn Otto zum Propst und schickte ihn zum Studium nach Frankreich. Diesem gefiel es dort allerdings so gut, dass er ins Zisterzienserkloster Morimond eintrat und die Pläne seines Vaters somit zunichte machte. Mit seinen Bistumsplänen scheiterte Leopold schließlich. Otto wurde später dennoch Bischof, allerdings von Freising.

THE PRODIGIOUS SON

At the beginning of the 12th century, Leopold III built his residence, as well as an abbey in the north of Vienna – and he had big plans for it: the church was going to be huge! Leopold had an entire cathedral in mind. His goal was for Klosterneuburg to become its own diocese and the bishop had already been predetermined: Leopold appointed his son Otto as provost and sent him to France to study. Otto seemed to prefer France over his hometown, however, and joined the abbey of Morimond – spoiling his father's efforts. Leopold's plans were not fruitful, but Otto did become bishop eventually – in Freising.

Stiftskirche Klosterneuburg
Abbey Church

25

EIN AMOURÖSER AUSRUTSCHER

Stephanie Zima

Das Fasslrutschen ist wohl eine der beliebtesten Traditionen des Leopoldifestes. Über die Entstehung dieses Brauches ranken sich mehrere Legenden. So soll etwa der frisch verheiratete Kellerwirt den Mund etwas zu voll genommen haben, als er bei einem weinseligen Beisammensein mit Freunden erklärte, niemals zum Pantoffelhelden zu werden – anderenfalls solle jeder seiner Gäste ihm zum Spott über das große Fass rutschen. Diese großspurigen Reden kamen seiner Braut zu Ohren, die sich darüber sehr kränkte und ihn aus dem Schlafzimmer verbannte. Um wieder Einlass in das Schlafgemach zu erhalten, rutschte der vorlaute Ehemann zur allgemeinen Erheiterung über das große Kellerfass: Die junge Ehefrau war damit besänftigt und ein neuer Brauch geboren.

A FATEFUL SLIP...AND SLIDE

Fasslrutschen *is one of the most popular activities of the St. Leopold festivities. No one can say for sure how this tradition came about, as many a legend exists surrounding its origin. A newly wed innkeeper was said to have vowed to his friends to never be henpecked. Should his wife manage to best him, all his guests should slide down his barrel in mockery! His wife caught wind of his boisterous claims and promptly banished him from their sleeping chambers. In order to regain access, he slid down the barrel, much to everybody's amusement. His bride was appeased, and a new tradition born.*

Fasslrutschen von Vincenz Katzler um 1870, Stiftsmuseum [DG 173]
"Fasslrutschen" by Vincenz Katzler, around 1870, Abbey Museum

26

ALLES UNTERM HUT

Sabine Miesgang

In der Habsburgermonarchie musste der Erzherzogshut zu offiziellen Anlässen einige Male die Reise nach Wien antreten. 1989 war jedoch alles anders: Beim Begräbnis der letzten österreichischen Kaiserin Zita reiste nicht die Krone nach Wien, sondern der Leichnam nach Klosterneuburg! Nachdem die einbalsamierte Kaiserin aus der Schweiz nach Österreich überführt worden war, wurde sie von 28. bis 30. März im Klosterneuburger Marmorsaal aufgebahrt. Der Erzherzogshut krönte dabei den Sarg. Danach brachte man die tote Kaiserin nach Wien, wo sie nach einer Messe im Stephansdom und einer Prozession in der Kapuzinergruft bestattet wurde. Lebendige Gäste empfängt der Erzherzogshut noch heute, denn er ist in der Schatzkammer des Stiftes ausgestellt.

THE HALLELUJAH TRAIL

During the Habsburg rule, the archducal hat had to be brought to Vienna several times. In 1989, when the last Austrian empress Zita died, the tide turned: not the crown was brought to the funeral, the funeral was brought to the crown! After the embalmed body of Zita was transferred from Switzerland to Austria, it was publicly laid out in the marble hall from 28-30 March. The archducal hat was set upon the casket. Afterwards the empress was brought to Vienna, where she was buried at the Capuchin Crypt after a mass at St. Stephen's Cathedral. Nowadays the archducal hat receives live visitors – it is exhibited in the abbey's treasury.

Begräbnisfeierlichkeiten 1989, Stiftskirche
Funeral 1989, Abbey Church

AUF DEN SCHULTERN VON RIESEN

Lisa Bauer

27

Nach dem plötzlichen Tod Kaiser Karls VI. im Jahr 1740 stoppten die Klosterneuburger Chorherren den barocken Ausbau des Stiftes sofort. Zurück blieb ein unvollendeter Gartensaal – eine sogenannte Sala terrena – mit acht tragenden, zweieinhalb Meter hohen Atlanten-Skulpturen und nacktem Mauerwerk aus Ziegeln. Nachträglich zog man eine hölzerne Zwischendecke ein und mauerte Gänge, Kammern sowie Lichtöffnungen ab, damit der Raum als Lager für Weinkartons zu gebrauchen war. Bei der 2005 beginnenden Restaurierung wurde die Sala terrena in ihren ursprünglichen Bauzustand von 1740 gebracht und als neuer Besucherempfang wiederbelebt – im Stift Klosterneuburg gibt es also eine echte barocke Baustelle zu sehen!

ON THE SHOULDERS OF GIANTS

After the abrupt death of emperor Karl VI in 1740, the canons stopped the Baroque expansion of the abbey almost immediately. The remnant of this planned expansion is an unfinished garden hall – a so-called Sala terrena *– adorned with eight load-bearing Atlas sculptures and bare brick walls. Later, a wooden ceiling was inserted, and the corridors, chambers and sources of light were walled up. This way, the hall could be used as a storage area for wine. During the renovations of 2005, all this was undone and the hall's initial, 1740-state was restored. Nowadays, this authentic Baroque construction site is used as the museum's entrance and reception area.*

Einer der acht Atlanten in der Sala terrena 1730/40
One of the eight atlases, Sala terrena 1730/40

28

HIMMLISCHE HELLER

Stephanie Zima

Die Leopoldipfennige, die jedes Jahr anlässlich des Leopoldifests hergestellt wurden, haben eine lange Geschichte: Seit 1584 gibt es diese Münzen, welche die Leopoldsverehrung wesentlich prägten. Noch heute können die bronzenen Leopoldipfennige als Erinnerung an einen Besuch in Klosterneuburg im Stiftsshop erworben werden. In silberner und goldener Ausfertigung werden sie auch als Ehrungen verliehen. Ihre Vorläufer konnten Pilgernde als Andenken an die vollbrachte Wallfahrt in Klosterneuburg kaufen. Später wurden die Pfennige, die traditionell oval geformt sind, nach dem Gottesdienst am 15. November an die Gläubigen verteilt. Teilweise warf man die Münzen auch ganz einfach in die Menge – ein wahrer Geldregen also!

DIFFERENT TIMES OF THE SAME COIN

The Leopoldipfennige *that are made for the festivities every year have a very long history: the coins were first pressed in 1584 and played a big part in the veneration of St. Leopold. Nowadays, the bronze coins can still be bought at the museum shop – their predecessors could also be purchased at the abbey, but rather than souvenirs, they were reminders of a pilgrimage. With the years, the pennies became more popular and were given to the devout after mass, sometimes just tossing them right into the crowd. The silver and gold versions are still used as medals of distinction.*

Leopoldipfennige von 1985, Stiftsarchiv
"Leopoldipfennige" from 1985, Abbey Archives

29

NAPOLEONS „KLEINE HALBE STUNDE“

Manuel Kloibhofer

Während der Besatzung Klosterneuburgs durch französische Truppen besuchte Napoleon am 20. Dezember 1805 überraschend das Stift. Dabei handelte es sich lediglich um einen Kurzaufenthalt, bei dem der selbstgekrönte Kaiser der Franzosen den noch unvollendeten Marmorsaal und die Kaiserzimmer besichtigte sowie einen „alten Österreicher“ verkostete. Zufrieden und wohlwollend soll Napoleon laut einem zeitgenössischen Bericht nach nur einer „kleinen halben Stunde“ wieder abgereist sein. Daran erinnert ein großes Vorzimmer im Kaisertrakt, das heute als „Napoleonzimmer“ im Rahmen von Stiftsführungen besichtigt werden kann. Nehmen Sie sich für einen Besuch gerne etwas mehr Zeit als der berühmte Namensgeber dieses Zimmers!

SO LITTLE TIME, SO MUCH TO VIEW

During the French occupation of the area, Napoleon decided to visit the abbey on 20 December 1805. This was but a short visit, where the self-appointed emperor of France inspected the yet to be finished marble hall and tasted an "old Austrian" wine. According to contemporary records, Napoleon was said to have left the abbey content after a "small half hour". One of the big antechambers in the imperial rooms reminisces this event – the so-called Napoleonzimmer *which can be visited through the abbey's Imperial Tour. Plan in more time for your visit than the room's famous namesake!*

„Napoleonzimmer“, Kaisertrakt
"Napoleonzimmer", Imperial Apartments

30

BRAND AUS!

Sabine Miesgang

Der Wiener Städtische Versicherungsverein und das Stift Klosterneuburg sind seit fast 200 Jahren miteinander verbunden. Propst Gaudenz Dunkler zählte 1824 zu den Gründern der „Wechselseitigen k.u.k. priv. Brandschaden-Versicherungs-Anstalt", aus der die heute europaweit agierende Vienna Insurance Group entstanden ist. Die Zusammenarbeit reicht jedoch über rein kommerzielle Interessen hinaus und ist zu einer Partnerschaft angewachsen. So unterstützt der Wiener Städtische Versicherungsverein beispielsweise das Museum und Kulturprogramme des Stiftes. Das ist ein wichtiger Beitrag für die Bewahrung der im Stift erhaltenen Kunstschätze, damit das reiche sakrale und kulturelle Erbe auch für nachkommende Generationen gesichert bleibt.

A SECURE ALLIANCE

The Wiener Städtische insurance company and Klosterneuburg Abbey have been connected for 200 years. Provost Gaudenz Dunkler was one of the founders of Wechselseitige k.u.k. priv. Brandschaden-Versicherungs-Anstalt *established in 1824, the predecessor of the now pan-European Vienna Insurance Group. The relationship is not just commercial: the Vienna Insurance Group supports the Abbey Museum and several cultural projects. This is an important contribution that enables the precious objects to be admired by lots of future generations.*

Propst Gaudenz Dunkler (1800-1829), Stiftsarchiv
Provost Gaudenz Dunkler (1800-1829), Abbey Archives

31

ES GÄRT IM FRAUENSTIFT

Sarah Deichstetter

Heute ist das Stift Klosterneuburg ein reines Männerkloster. Dem war aber nicht immer so: Bis ins Jahr 1568 war gleich neben dem Chorherrenstift auch ein Frauenkonvent angesiedelt! Das Frauenstift hatte so viel Zulauf, dass nach kurzer Zeit sogar ein zweites oben bei St. Martin gegründet wurde. Doppelklöster dieser Art waren im Mittelalter weit verbreitet. Die Schwestern unterstanden dem Propst und waren auch wirtschaftlich vom Männerkloster abhängig. Deswegen beschwerten sich die Herren auch immer wieder über die hohe Zahl an Frauen beim Papst. Heute gibt es keine Chorfrauen mehr und auch keine Beschwerden darüber, dass sich in ihrer ehemaligen Kirche heute das Presshaus und der Gärkeller des Weinguts befinden.

FROM NUNNERY TO WINERY

Nowadays, Stift Klosterneuburg is only a male abbey. This was not always the case. Until 1568, the abbey also hosted a female convent. This very convent proved so popular that shortly after its founding, a second abbey was built in St. Martin. Double monasteries were very popular in the Middle Ages. The provost supervised the nunneries and the nuns were economically tied to the male abbey. This caused complaints to be sent to the pope about the excessive number of women entering the nunnery. Nowadays with the nuns gone, nobody complains about their abbey - maybe because their church has become the winepress and fermentation room for the winery.

Trauben vor der ehemaligen Frauenkirche
Grapes in front of the church of the former female abbey

32

ALLES HEISSE LUFT

Lisa Bauer

Im Stift Klosterneuburg finden sich sowohl prächtige Barocköfen in den Kaiserzimmern als auch schlichtere Modelle im Konventstrakt. Die jüngeren Chorherren mussten diese in früheren Tagen selbst einheizen. Aber auch 30 kleinere Zentralheizungsanlagen sorgten bis zur Jahrtausendwende für angenehme Temperaturen im Stift. Diese Art des Heizens benötigte allerdings große Mengen an Brennmaterialien. Heizkosten sowie die Kohlendioxid-Belastung sollten gemindert werden, weswegen sich das Stift 2001 für Fernwärme aus einem modernen Biomasse-Heizwerk entschied. Diese wird mit Hackschnitzeln befeuert und liefert so nicht nur die nötige Energie für die Heizung des Stiftes allein, sondern sogar für Teile der Stadt Klosterneuburg.

IF YOU CAN'T STAND THE HEAT, KEEP OUT OF THE CELLAR

In Klosterneuburg you will find magnificent Baroque stoves in the imperial rooms as well as simpler models in the convent wing. In earlier days, the younger canons had to heat them themselves. 30 additional smaller central heating systems also ensured pleasant temperatures in the abbey until the turn of the millennium. This type of heating required large quantities of fuel. Heating costs and carbon dioxide pollution were to be reduced, which is why in 2001, the abbey decided to use district heating from a biomass heating plant. The system is being fuelled with wood chips and not only provides the energy needed to heat the abbey alone, but also parts of the city of Klosterneuburg.

Kachelofen, Kaiserzimmer
Tiled stove, Imperial Apartments

33

DER HEILIGE LEOPOLD VOR GERICHT

Julia Anna Schön

Es war viel Geduld (und Geld) nötig, bis das Stift Klosterneuburg seinen Gründer auch offiziell als Heiligen verehren durfte. Im Zuge des von 1465 bis 1485 dauernden Prozesses wurden 478 Frauen und Männer zu den Wundern befragt, die Leopold nach dem Tod an seinem Grab gewirkt haben soll. Die aufgeschriebenen Aussagen der Zeuginnen und Zeugen befinden sich heute noch im Stiftsarchiv und berichten vor allem von wundersamen Heilungen. Gebete an Leopolds Grab ließen nicht nur Fieber und Kopfschmerzen verschwinden, sondern konnten angeblich sogar gebrochene Knochen heilen und Tote wiederbeleben! Das Verfahren war vertrackt und voller Hürden, die jedoch gemeistert werden konnten: Papst Innozenz VIII. sprach Leopold am 6. Jänner 1485 heilig.

LEOPOLD ON TRIAL

The path to the canonisation of St. Leopold was long (and expensive). During the process that lasted from 1465 to 1485, 478 women and men were called in as witnesses to the miracles recorded at Leopold's grave. The recorded testimonies can still be found in the Abbey Archives and tell us tales of miraculous healings. Praying at St. Leopold's grave not only helped cure fevers and headaches, it was also said to mend broken bones and reanimate the dead! The canonisation process was not an easy feat but was eventually successful: Pope Innocent VIII canonised Leopold on 6 January 1485.

Kanonisationsprotokoll, Stiftsarchiv [K 106, fol. 19, Nr. 3]
Protocol of St. Leopold's canonisation, Abbey Archives

ALLER GUTEN KRONEN SIND DREI

Matthias Hofmeister-Kiss / Sabine Miesgang

34

In Ungarn besaßen die Habsburger die Krone des Heiligen Stephan, in Böhmen wurden sie mit der Krone des Heiligen Wenzel gekrönt. Das Erzherzogtum Österreich dagegen war lange Zeit „kronenlos“. Maximilian III. änderte das: Im Jahr 1616 stiftete er den Erzherzogshut. Reich geschmückt und von Papst Paul V. bestätigt galt dieser als die heilige Krone Österreichs. Der Erzherzogshut muss stets bei den Gebeinen des Heiligen Leopold aufbewahrt werden und durfte sich höchstens 30 Tage anderenorts befinden. Diese Ausnahme war wichtig, denn für Erbhuldigungen wurde er feierlich nach Wien und wieder zurück gebracht. Mangels Erbhuldigungen empfängt der Erzherzogshut seit 2011 jetzt selbst Gäste in der Schatzkammer des Stiftes.

ALL GOOD CROWNS COME IN THREES

In Hungary, the Habsburgs held the Crown of Saint Stephen, in Bohemia the Crown of Saint Wencelas. The archduchy of Austria, however, was ‘crownless’ for quite some time. Maximilian III decided to change this: in 1616 he commissioned the archducal hat. The richly adorned crown was approved by Pope Paul V and was regarded as the archduchy’s Holy Crown. The archducal hat had to be kept close to the remains of St. Leopold and could only be taken away for 30 days at a time. This exception was necessary, since it was brought to Vienna for the rulers’ hereditary homages. Due to a lack of monarchs and hereditary homages, the archducal hat was moved to the abbey’s treasury in 2011, where visitors can admire it.

Österreichischer Erzherzogshut von 1616, Schatzkammer
Archducal hat from 1616, Treasury

35

ALLES IST MÖGLICH

Julia Anna Schön

Es war einmal im Jahr 1468. Da berichtete Katharina Binder einer kirchlichen Delegation im Stift Klosterneuburg ein Wunder, welches der Stiftsgründer Leopold für sie gewirkt haben soll: Vor geraumer Zeit steckte sie in großen finanziellen Schwierigkeiten und musste ihren Mantel verpfänden. Weil der Pfandleiher das Geld ein paar Tage später wieder zurückforderte, begann sie Gebete an Leopold zu richten. Eines Nachts erschien ihr ein elegant gekleideter Mann mit langem Bart im Traum und stellte sich als Leopold vor. Er gab ihr den Rat, unter einer Brücke nachzusehen, wo sie etwas Geld finden würde. Katharina fand den versprochenen Schatz, der aus antiken Münzen bestand, und konnte all ihre Schulden begleichen.

RAGS TO RICHES

Once upon a time in the year 1468: Katharina Binder reported a miracle to the ecclesial delegation. A while ago, she was faced with financial difficulties and had to pawn her coat. The pawnbroker demanded she pay him back in just a few days, which caused her to pray at St. Leopold's grave. At night, an elegantly dressed man with a long beard appeared to her in a dream and introduced himself as Leopold. He told her to look underneath a bridge, where she would find some money. Katharina found the promised treasure, made up of antique coins, and was able to pay off all her debt.

Deckenfresko von Joh. Chr. Prandtl 1677, Leopoldskapelle
Ceiling fresco by Joh. Chr. Prandtl, 1677, Chapel of St. Leopold

36

MESSGEWAND AUS ZWEITER HAND

Martin Haltrich

Wer stickt, sündigt nicht! Adelige Damen, allen voran Maria Theresia, pflegten im Barock gerne die Goldstickerei. Luxuriöse Stoffe wurden zu Ballroben oder Hochzeitskleidern vernäht und reich mit Perlen und Goldfäden bestickt. Die wertvollen Textilien wurden nach ihrer Verwendung nicht entsorgt, sondern umgeschneidert, um einen frommen Zweck zu erfüllen. Als Messgewänder wurden sie an Stifte und Klöster verschenkt. Auch das Stift Klosterneuburg besitzt solche adeligen Stiftungen: Der prunkvolle Klosterneuburger Weihnachtsornat aus Silberbrokat beispielsweise war nicht neu, sondern aus einem profanen Ballkleid geschneidert! Mittlerweile ruht der kostbare Stoff aber unverkäuflich in der Glasvitrine der Schatzkammer.

SECOND-HAND EMBELLISHMENT

(S)He who embroiders does not sin! Noble ladies of the Baroque period, above all Maria Theresia, enjoyed gold embroidery. Luxurious fabrics were sewn into ball gowns or wedding dresses and were then richly embroidered with pearls and gold thread. The valuable textiles were not disposed of after use but were redesigned to fulfil a pious purpose. As chasubles they were given to abbeys and convents. Klosterneuburg Abbey also owns such noble donations: the magnificent Klosterneuburg Christmas chasuble made of silver brocade, for example, was not made from scratch, but was once a profane ball gown! Nowadays, this precious fabric is no longer for sale and can be admired in the treasure chamber.

Maria-Theresien-Kasel, Schatzkammer [TX 11]
Maria-Theresien-Kasel, Treasury

SEHET DIE ARMEN...

Lisa Bauer

37

Nächstenliebe wird im Stift Klosterneuburg nicht nur gepredigt, sondern auch in die Tat umgesetzt: Seit dem Jahr 2000 unterstützen die Chorherren mit dem Verein „Ein Zuhause für Straßenkinder" verschiedenste Vorhaben der „Concordia Sozialprojekte". Dabei handelt es sich um eine Hilfsorganisation, die sich für Kinder, Jugendliche und Familien in Not in Rumänien, Bulgarien und der Republik Moldau einsetzt. Kindern und Jugendlichen wird dabei ein Zugang zu Wissen und Bildung ermöglicht und somit der Weg zu Beruf und Selbstständigkeit geebnet – zu einer eigenen Zukunft. Seit der Gründung der Organisation im Jahr 1991 wurden so mehrere Kinderhäuser, Familien- und Sozialzentren in den erwähnten Ländern errichtet.

IT TAKES AN ABBEY

In Klosterneuburg, charity is not only preached but also practiced: since 2000, the canons have been supporting various projects of the Concordia Sozialprojekte *with the association "Ein Zuhause für Straßenkinder". This is a charity organisation that supports children, young people and families in need in Romania, Bulgaria and Moldova. Children and young people are given access to knowledge and education, thus paving the way to a career and independence – to a future of their own. Since the foundation of the organisation in 1991, several children's homes, family and social centres have been established in these countries.*

www.concordia.or.at

SCHNECKENLEITNER
STIFT
KLOSTER
NEUBURG
WEIDLING
M
STIFT
KLOSTER
NEUBURG

38

KLOSTERNEUBURGS BARRIKADEN

Jacqueline Schindler

Wer meint, gute Weinfässer kämen nur aus Frankreich, der würde diese Wette wohl verlieren. Denn aromatische Fasseichen wachsen auch im Klosterneuburger Stiftswald in Weidling und seit Jahrhunderten wird ihr Holz für große Lagerfässer verwendet! Wurden diese früher in der stiftseigenen Fassbinderei gefertigt, so lässt man die Bretter der Weidlinger Eiche heute von anderen Firmen zu kleinen Barriques mit 225 Litern binden. Der Wein aus diesen Fässern macht demjenigen aus französischen nicht nur hierzulande Konkurrenz – das Weidlinger Holz ist auch bei Fassbindern in Frankreich sehr beliebt. Man kann also nie wissen, ob das Aroma eines edlen französischen Tropfens nicht aus dem Klosterneuburger Stiftswald stammt.

TO THE BARRIQUADES!

If you think that high quality wine barrels are only found in France, think again! Oaks for aromatic barrels also grow in the Klosterneuburg forest in Weidling and for centuries their wood has been used for large storage barrels! In the past, the abbey had its own cooperage, but today the small barriques of 225 litres are crafted by other companies. The wine from these barrels competes with that from French barrels and the Weidlinger wood is also very popular with coopers in France. So, you never know if the aroma of a fine French wine does not stem from the Klosterneuburg forest after all.

Weinfass aus Weidlinger Eiche
Wine barrel made out of oak from Weidling

39

VOM CODEX ZUM CODE

Edith Kapeller

Seit 2013 digitalisiert das Team der Stiftsbibliothek die mittelalterlichen Handschriften des Stiftes. Mit einem speziellen Gerät werden die Codices, so heißen die alten Bücher, Seite für Seite in einem schonenden Verfahren abfotografiert, am Computer bearbeitet und schließlich kostenfrei online zur Verfügung gestellt. Mit über 1200 Handschriften befindet sich eine der größten mittelalterlichen Klosterbibliotheken der Welt in den Gewölben des Stiftes. Die Wissenschafterinnen und Wissenschafter in der Stiftsbibliothek beforschen die alten Pergamente auch und haben ihnen schon spannende Geschichten entlockt. Mehr als eine halbe Million Fotos der einzigartigen Bücher werden Mitte der 2020er-Jahre zur Verfügung stehen.

FROM CODEX TO CODE

Ever since 2013, the team of the Abbey Library has been digitising its medieval manuscripts. With around 1200 handwritten books, the abbey holds one of the largest collections of medieval books in the world! The codices, another name for these precious books, are carefully handled and each page is photographed individually. Afterwards, the images get altered and enhanced digitally and lastly uploaded online – free of charge. The researchers working at the library are also studying these books and have found many interesting stories within them. To make these available to the public, the plan is to take more than half a million images until the mid-twenties.

Handschriftendigitalisierung in der Stiftsbibliothek
Digitisation of manuscripts, Abbey Library

STIFT
KLOSTER
NEUBURG
ST. LAURENT
Ausstich
2018

40

HL. LAURENTIUS, BITTE FÜR UNS!

Jacqueline Schindler

1860 schenkte das Stift der Weinbauschule Klosterneuburg Reben einer Traube, die heute als St. Laurent bekannt ist. Damit begann der Erfolg dieser Sorte, die weinbautechnisch allerdings sehr anspruchsvoll ist. Die Herkunft des Namens, der sich vom Beginn der Reife am 10. August, dem Laurentiustag, ableiten soll, ist genauso wenig gesichert wie die ursprüngliche Heimat der Rebsorte. Vermutlich handelt es sich aber um die Kreuzung des französischen Pinot Noir mit einer heute nicht mehr bekannten Sorte. Sicher ist jedoch, dass die Klosterneuburger Chorherren die Rebe in unseren Gefilden verbreiteten und das Stift in der Tattendorfer Lage „Stiftsbreite" den größten zusammenhängenden St.-Laurent-Weingarten der Welt betreibt.

DIVINE VINES

In 1860, the abbey donated vines of a grape known today as St. Laurent to the Klosterneuburg school of oenology. This was the beginning of this variety's success, which is very demanding in terms of is cultivation. The origin of the name, which is said to derive from the beginning of the grapes' ripening on August 10th (the day of St. Lawrence) is as uncertain as the original home of the grape variety. However, it is probably a cross between the French Pinot Noir and a variety that is no longer known today. What is certain, however, is that the canons of Klosterneuburg distributed the vine and that the abbey runs the largest contiguous St. Laurent vineyard in the world; in the Stiftsbreite *region in Tattendorf.*

St. Laurent, Vinothek
St. Laurent, Vinotheque

ES WAR DER ADLER, NICHT DIE LERCHE

Katharina Maria Hofer

41

Fünf goldene Adler zieren heute den blauen Schild des niederösterreichischen Landeswappens. Das war aber nicht immer so: Lange Zeit war man sich nicht sicher, wie viele Vögel darauf abgebildet werden sollten. Zusätzlich entbrannte ein Streit darüber, ob es sich bei dem Federvieh um Adler oder Lerchen handelte. Der jahrelange Zwist wurde erst durch Herzog Rudolf IV. beigelegt, der sich 1359 für das Fünf-Adler-Wappen und – obwohl kein Ornithologe – auch für den Adler als Wappentier entschied. Der Beweis, dass dieses Wappen seit jeher zu Niederösterreich gehört, findet sich in der Leopoldskapelle: Dort zeigt ein Glasfenster aus dem 14. Jahrhundert die älteste bekannte Darstellung des heutigen Landeswappens. Eindeutig Adler!

IT WAS THE EAGLE AND NOT THE LARK

Five golden eagles can be seen on the coat of arms of Lower Austria. This has not always been the case: for a long time, the amount of birds depicted was unsure. Additionally, there were fights over which bird was supposed to be shown; the eagle or the lark? This quarrel was solved by Duke Rudolf IV who decided in 1359 that the coat of arms would show five eagles. Proof of its long-lasting ties to Lower Austria can be found inside the Chapel of St. Leopold: the 14th-century glass windows show the oldest known depiction of the coat of arms. Definitely eagles!

Glasfenster von 1330, Leopoldskapelle
Glass windows from 1330, Chapel of St. Leopold

42

ZEITGENÖSSISCH SEIT 120 JAHREN

Lisa Bauer

Schon um 1900 unterstützte das Stift Klosterneuburg gezielt Vertreter der künstlerischen Avantgarde der Wiener Secession durch verschiedenste Aufträge. Für die damalige Zeit war das sehr ungewöhnlich und Propst Friedrich Piffl sowie Stiftskustos Wolfgang Pauker erregten damit Aufsehen: Was für Querdenker! Sogar ein Messgewand im Jugendstil gaben sie in Auftrag – den Marienornat, der in der Schatzkammer zu betrachten ist. Für kirchliche Kreise ebenfalls ungewohnt, fand 1908 wiederum unter Propst Piffl und seinem Kustos im Marmorsaal des Stiftes erstmals eine Ausstellung moderner Kunst statt. Seitdem wird zeitgenössische Kunst angekauft und die Tradition mit der Galerie der Moderne im zweiten Stock des Museums fortgeführt.

CONTEMPORARY – FOR 120 YEARS

The abbey supported artists of the Avantgarde of the Viennese Secession as early as 1900 by hiring them for several projects. This was highly unusual and Provost Friedrich Piffl as well as curator Wolfgang Pauker were viewed as mavericks. They even commissioned a chasuble in an Art Nouveau style – the Marienornat *which can be found in the treasury. Another peculiar thing Provost Piffl and his curator did was host an exhibition for modern art – in 1908! Ever since then, the abbey has had great interest in contemporary art and carries on the tradition through the* Galerie der Moderne.

Marienornat von 1911 Schatzkammer [TX 6]
"Marienornat" from 1911, Treasury

43

IST DAS KUNST ODER KANN MAN DA BETEN?

Sabine Miesgang

In der Leopoldskapelle erwartet die Besucherinnen und Besucher der kostbarste Kunstbesitz des Stiftes: der 1181 geschaffene Verduner Altar. Der Goldschmied Nikolaus von Verdun schuf die feuervergoldeten Emailtafeln im Auftrag von Propst Wernher ursprünglich wahrscheinlich als Verkleidung einer Kanzel. Nach einem Stiftsbrand im Jahr 1330 wurde das Werk zu einem Flügelaltar für die Stiftskirche umgebaut. Die 51 Bilder erzählen die gesamte Bibel! Jedem Ereignis des Neuen Testaments sind dabei bereits darauf hindeutende Geschehnisse aus dem Alten Testament gegenübergestellt. Aber Vorsicht: Die kunstvolle Ausarbeitung der Szenen und die prächtige Vergoldung könnten die ursprüngliche Intention des Altares vergessen lassen.

AN ALTAR OF BIBLICAL PROPORTIONS

In the Chapel of St. Leopold, visitors will find the most precious art treasure of the abbey: the Verdun Altar, created in 1181. The goldsmith Nikolaus von Verdun created the fire-gilded enamel panels by order of Provost Wernher, originally probably as a covering for a pulpit. After a fire in 1330, the work was converted into a winged altar for the abbey church. The 51 pictures tell the story of the entire Bible! Each event in the New Testament is juxtaposed with events from the Old Testament. But be careful: the elaborate depiction of the scenes and the magnificent gilding could make you forget the original purpose of the altar.

Tafeln des Verduner Altars von 1181, Leopoldskapelle
Panels of the Verdun Altar from 1181, Chapel of St. Leopold

AUF DEN HUND GEKOMMEN

Edith Kapeller

44

Der Dichter Ovid erzählt uns eine tragische Geschichte: Während der Jagd überrascht der Held Aktäon unabsichtlich die nackte Göttin Diana beim Baden. Um zu verhindern, dass Aktäon dieses Erlebnis ausplaudert, verwandelt Diana ihn in einen Hirsch. So wird er von seinen eigenen Jagdhunden gehetzt und getötet. In Klosterneuburg kennt man unter dem Namen Aktäon aber nicht nur den antiken Helden, sondern vor allem den Lieblingshund von Floridus Leeb, der von 1782 bis 1799 Propst war. Morgens spielte der Propst gerne mit dem großen weißen Rüden Ball und ließ ihn sogar in Lebensgröße malen! Leider fand aber auch der Klosterneuburger Aktäon ein trauriges Ende: Aufgrund von Tollwut musste der Rüde getötet werden.

MAN'S BEST FRIEND

Ancient poet Ovid tells us a tragic story: while on a hunt, the hero Actaeon stumbles upon the naked goddess Diana taking a bath. In order to have Actaeon keep his mouth shut, she turns him into a stag, turning the hunter into prey. He is chased by his own hunting dogs and is eventually killed. In Klosterneuburg, this story might not be the first thing that comes to mind when hearing the name. Floridus Leeb, who was provost from 1782 to 1799, named his favourite dog Actaeon and spent many a morning playing ball with the canine. He even commissioned a life-size portrait! Unfortunately, the story of the hound met a tragic end as well: He contracted rabies and had to be put down.

Aktäon von Michael Wild 1789, Stiftsmuseum [GM 788]
Actaeon by Michael Wild 1789, Abbey Museum

Presshaus

NEUER WEIN IN ALTEN KIRCHEN

Katharina Maria Hofer

45

Weinbau hat im Stift Klosterneuburg eine lange Tradition und hat überall seine Spuren hinterlassen – sogar in einer ehemaligen Kirche! Seit 1722 werden die Trauben nach der Lese zur weiteren Verarbeitung in die verlassenen Gewölbe der früheren Chorfrauenkirche am Stiftsplatz gebracht. Die Kirche stand seit dem Tod der letzten Chorfrau 1568 leer, konnte aufgrund der guten Bausubstanz aber weiterhin wirtschaftlich genutzt werden. Die Ausstattung hat sich dabei natürlich verändert: Heute ist das Presshaus mit zeitgerechter Technik an die Erfordernisse moderner Weinbearbeitung angepasst. Durch diese Weiterverwendung hat das mittelalterliche Gebäude – im Gegensatz zur 1798 abgerissenen *Capella Speciosa* – bis heute überdauert.

NEW WINE IN OLD CHURCHES

Viticulture has long been part of the history of Klosterneuburg. Its ties to the abbey are so strong that it even left its mark within the church walls! Ever since 1722, the grapes are brought to the former church of the female convent after harvesting. The church had been vacant since the last canoness died in 1568 and because of its good structural make up could be further used for different purposes. The furnishing of course has been adapted: nowadays, the building is equipped with technology to match the challenges of modern viticulture. Thanks to this reinvention, the medieval building has still been kept up until this very day – other than the Capella Speciosa, *which was demolished in 1798.*

Die Kirche des ehemaligen Chorfrauenstifts
Church of the former female abbey

46

LASS' GUT SEIN, OPA!

Helena Kramářová

Kaiser Leopold I. liebte die Künste. Besonders die Musik hatte es ihm angetan – ja, der Kaiser komponierte sogar höchstpersönlich! Wenn er mit seinem Hofstaat wie jedes Jahr zu Leopoldi nach Klosterneuburg kam, um den Gedenktag seines Namenspatrons zu feiern, reiste auch seine Musikkapelle mit. Der Gottesdienst wurde dann mit einer Komposition des Kaisers untermalt. Die allerdings zog sich über zwei Stunden! Leopolds Enkelin Maria Theresia war das eindeutig zu lang. Als sie an die Macht kam, kürzte sie die Aufführung dramatisch. Wenn sie selbst an den Feierlichkeiten teilnahm, sollten nur ein Psalm und das *Salve Regina* gespielt werden. So war der Gottesdienst kürzer und der Hof konnte sich beim Festmahl ausführlicher über die Kunstsinnigkeit Kaiser Leopolds I. unterhalten.

ARS BREVIS, VITA LONGA

Emperor Leopold I was a lover of the arts. He was an especially big fan of music – he even composed his own pieces! Whenever he and his court came to Klosterneuburg to celebrate the feast day of the abbey's founder, his music chapel was part of the entourage. Mass was accompanied by one of his compositions – that lasted over two hours! Way too long for his granddaughter, Maria Theresia. Once in power, she drastically shortened the performance. Whenever she herself joined the festivities, only one psalm and the Salve Regina *would be played. Mass was over sooner, and the court had more time to talk about Leopold's musical work, accompanied by food and wine.*

Kaiseroratorium von Matthias Steinl 1723, Stiftskirche
Imperial oratory by Matthias Steinl 1723, Abbey Church

wein

MÜSTINGERS MYTHISCHER KELLER

Katharina Maria Hofer

47

Die Vinothek befindet sich im ältesten Gebäude des Klosterneuburger Rathausplatzes. Vor seiner Renovierung Ende der 1990er-Jahre war dieser Ort ein reines Wirtschaftsgebäude. Ursprünglich wurde der sogenannte „Müstingerkeller" seit dem Mittelalter zur Bewirtschaftung der umliegenden Weingärten genutzt – nämlich als Lesehof. Den Namen verdankt er seinem Besitzer Wolfgang Müstinger, Bergmeister des Stiftes Klosterneuburg und verwandt mit dem gelehrten Propst Georg Müstinger. Ende des 15. Jahrhunderts erbte seine Enkelin Barbara das Gebäude, dann nutzten es die Klosterneuburger Chorfrauen. Die einst reichen Müstingers sind seither spurlos verschwunden, der beeindruckende Keller ist heute noch erhalten.

KEEPING UP WITH THE MÜSTINGERS

The abbey's vinotheque can be found in the oldest building of the town hall square. Before its renovation in 1990, this hall was used as a service building. Initially, the so-called Müstinger-cellar had been used from the Middle Ages on for the cultivation of the surrounding vineyards by providing a space to gather the grapes. Its name derives from its owner, Wolfgang Müstinger, who was related to Provost Georg Müstinger. Wolfgang's granddaughter Barbara Müstinger inherited the building in the late 15th century and it was used by the canonesses. The once so prominent Müstingers have long disappeared from the area, but their influence – and impressive cellar – can still be seen today.

Der Müstingerkeller als Vinothek des Stiftes
The "Müstingerkeller" as Abbey Vinotheque

NEW MARCK
Lantspergk
Berlin
Salcza
Kalb
Acken
Stokau
Pocholcz
Der Zosse
Furstenwald
Furstenberg
Francfurt
Pesken
Strasen
Fridlant
Beilin
Schekendorf
Trimbel
Sumerveld
Glogau
Ader
Wirtenberg
Lebin
Peiczk
Sorr
Kalau
Kokubiczel
Dagan
Sunwald
Lucka
Trepau
Sorst
LAUZIZER
LANT
Presla
Leipczk
Wustenwald
Prenbergk
SLESI
Kirichan
Hoerswerd
Gorlicz
Elb
Paudeschaim
Greifenberg
Lauben
Goliperg
Dresn
Pirn
Sitau
Hababerd
Camencz
Han
Gawel
Wartt
Weichsen
Unmat
Hoff
Glocz
Leyppen
Wunschelburg
Derczepp
Weyssenbasser
Schonperg
Wolkenstain
Risenburg
Raudnicz
Germer
Polecz
Presnicz
Trinau
Hosb
Grecz
Nachat
Trebau
Neideck
Doschaw
Neuburg
Hermanstetel
Debicz
Sternberg
Liechtenstat
Paux
Lenczmericz
Trautenau
Letobicz
Olmuncz
Eger
Kado
Kumetau
Koln
Schaflach
Censprat
Elenpogen
Dargaw
Perck
Mesericz
Hanureichs
Kunsperg
Sacz
Laun
LANT
Habern
Caida
Igla
Prastecz
Tobicz
PEHAIM
Slein
Pehamisch-pratt
Trebicz
Poschalbicz
Lamez
Kremsir
Petschau
Lidicz
Prag
Prün
Vischaw
Jura
Cemnicz
Nevenstat
Petler
Aus
Peren
Vinsternicz
Erbecz
Modericz
Ausperlic
Perna
Toeppell
Karelstain
Drosendorf
Pisencz
Celabicz
Gastel
Tachaw
Misz
Pillsen
Herswiz
Newhaus
Wetau
Deye
Godingen
Bohrlicz
Claderam
Spibram
Waidhofen
Frei
Znem
Recz
Incelsperg
Galicz
Hardeck
Felsperg
Schonsee
Fremperg
Taus
Pleienstain
Glatau
Nauscht
Lasnicz
Mar
Gaismunchen
Multa
Osterof
Tresnicz
Pechingen
Regen
Otben
Kremsz
Stain
Stilfrid
Maudoren
Bolnbrack
Kam
Pudbeis
Polingen
Koren-Closter
Newbg
Hainbg
Marchek
Presp
Melck
Herzopurg
Wiem
Teber
Barchodick
Pechlorn
Sand-pölten
am glosz
Vischermund
Petrenell
Ibsz
Pogen
Maria
Teckendorff
Freienstat
Amsteten
Winczer
Pledling
Filshoffen
Strenberg
Osterhofen
Tunaw
Lincz
Baidhofen
Ortenberg
Passaw
Ensz
Praunaw
Scherding
Everding
Steyr
Oberenperg
Öting
Ried
Peurpach
Purckhausen
Traum
Tittmanig
see
Salczach
Salczburg
Zunihellen
MAP OF CENTRAL EUROPE
Based upon tables of Azimuths and Equidistanc
in Codex Latinus Monacensis 14583–fol 286 r.–29
circa 1440
Reconstructed by Dana B. Durand

48

MITTELERDE IM MITTELALTER

Stephanie Zima

Etwa 1421 beauftragte der Klosterneuburger Propst Georg Müstinger, der sich sehr für Wissenschaft interessierte, einen Schreiber namens Fridericus, eine *mappa* – also eine Landkarte – anzufertigen. Um die Bedeutung Klosterneuburgs zu unterstreichen, sollte der Nullmeridian dieser „Fridericus-Karte" durch die alte Babenbergerstadt verlaufen – ein mächtiger Affront gegenüber Wien. Durchgesetzt hat sich ein durch Klosterneuburg gehender Nullmeridian bekanntlich nicht. Die originale Karte gilt als verschollen, dank der Liste ihrer Koordinaten in einer Münchner Handschrift konnte sie jedoch rekonstruiert werden. Dabei fällt auf, dass auch Petronell prominent eingezeichnet ist. Na klar, dort wurde Müstinger ja auch geboren!

MEDIEVAL MIDDLE EARTH

In approximately 1421, Provost Georg Müstinger, who was very into science, commissioned a scribe called Fridericus to create a mappa, *a map. In order to highlight the importance of Klosterneuburg, he was instructed to have the prime meridian go through Klosterneuburg. This project has obviously not been successful. The original map has been lost but thanks to a list of coordinates in a manuscript from Munich, it can be reconstructed. Another place that was highlighted is Petronell – no wonder, considering that this was Müstinger's place of birth!*

Fridericus-Mappa, rekonstruiert von Dana B. Durand 1952
Fridericus-Mappa, reconstructed by Dana B. Durand 1952

49

EINE UNZERSTÖRBARE GESCHICHTE

Jacqueline Schindler

1359 ließ Herzog Rudolf IV. das Goldsiegel einer Urkunde aus dem Jahr 1156 abnehmen und an einer von ihm in Auftrag gegebenen befestigen. Dabei dachte er wohl nicht, dass diese mit vier anderen als *Privilegium maius* und damit als eine der berühmtesten Fälschungen des Mittelalters bekannt werden würde. Das Original, mit dem Kaiser Friedrich Barbarossa Österreich zum Herzogtum erhoben hatte, ließ Rudolf vernichten. Eine alte Abschrift dieser *Privilegium minus* genannten Urkunde hatte er jedoch übersehen: Gertrud, die Nichte des letzten männlichen Babenbergers Friedrich II., gab die Kopie in Auftrag, um ein mögliches Erbe zu sichern. Geerbt hat sie zwar nichts, in der Stiftsbibliothek ist der Text jedoch bis heute erhalten.

PAGES FOR THE AGES

In 1359, Duke Rudolf IV had the gold seal of a document from 1156 removed and attached to one he had commissioned. He probably did not think that his new document, together with four others, would become known as Privilegium maius *and thus one of the most famous forgeries of the Middle Ages. Rudolf destroyed the original – the* Privilegium minus *– because through it, Emperor Friedrich Barbarossa had elevated Austria to a duchy. However, he had overlooked an old copy: Gertrud, niece of the last male Babenberg Friedrich II, commissioned a copy in order to secure a possible inheritance. Although she ended up without inheritance, the text is an important piece of history that is being preserved in the Abbey Library.*

Privilegium minus, Abschrift von ca. 1260, Stiftsbibliothek [CCl 929, fol. 146v]
Copy of the Privilegium minus, ca. 1260, Abbey Library

PRÜGELBROT STATT GEISTERSPUK

Lisa Bauer

50

Otto von Graben zum Stein war ein Sagensammler und veröffentlichte Geistergeschichten. Eine davon erzählt, dass ein Spuk das Stift Klosterneuburg heimsuchen würde, sobald die Pröpste den Brauch des „Brotprügelns“ abschafften. Leopold III. war passionierter Jäger und soll befohlen haben, die Zucht seiner geliebten Jagdhunde im Stift auch nach seinem Tod fortzuführen. Einen besonderen Leckerbissen erhielten die Tiere zu Leopoldi: Frisches Brot wurde so lange mit einem Stab geprügelt, bis die Rinde abfiel. Dieser knusprige Happen war für die Hunde, das übrige Brot bekamen die Armen. Mit dem Ende der Hundezucht im Jahr 1769 war es dann mit dem Prügelbrot zwar vorbei – Geister wurden im Stift allerdings noch nicht gesichtet.

WHO YOU GONNA CALL? BREAD BUSTERS

Otto von Graben zum Stein was a collector of folktales and publisher of ghost stories. One such story tells us that the abbey shall be jinxed should the provosts ever decide to do away with the tradition of the Brotprügeln *(beating bread). Leopold III was a passionate hunter and is said to have ordered that the abbey was to continue breeding his beloved hunting dogs even after his death. For the festivities surrounding St. Leopold's day, the dogs were in for a special treat: freshly baked bread was beaten with a stick until the crust would fall off for the hounds to devour. The rest of the bread was given to the poor. When the abbey stopped breeding dogs in 1769 so did this tradition – ghosts, however, have yet to be reported.*

„Die Sauhatz“ von Rueland Frueauf d. J., Stiftsmuseum [GM 82]
"Die Sauhatz" by Rueland Frueauf d. J., Abbey Museum

Aigner, Carl; Holubar, Karl; Huber, Wolfgang Christian (Hgg.): Heiliger Leopold. Mensch – Politiker – Landespatron. Katalog zur gleichnamigen Ausstellung im Landesmuseum Niederösterreich vom 24. Februar 2013 bis zum 26. Jänner 2014 (St. Pölten 2013).

Brunner, Karl: Leopold, der Heilige. Ein Portrait aus dem Frühling des Mittelalters (Wien/Köln/Weimar 2009).

Holubar, Karl; Huber, Wolfgang Christian (Hgg.): Die Krone des Landes. Klosterneuburg und Österreich. Eine Ausstellung des Stiftsmuseums Klosterneuburg (Klosterneuburg 1996).

Holubar, Karl; Huber, Wolfgang Christian (Hgg.): Von Rebstock und Riesenfaß. Ein Buch über Weinbau und Kellerwirtschaft in alter Zeit (Wien 1994).

Huber, Wolfgang Christian (Hg.): Das Stift Klosterneuburg. Wo sich Himmel und Erde begegnen (Wettin-Löbejün, 2014).

Huber, Wolfgang Christian (Hg.): Die Schatzkammer im Stift Klosterneuburg (Wettin-Löbejün, 2011).

Ploner, Thaddäus A.; Kluka, Birgit: Stift Klosterneuburg. Erneuerte Herrlichkeit. Die Generalsanierung, hrsg. von Wolfgang Christian Huber (Wien 2016).

Röhrig, Floridus (Red.): Der Heilige Leopold. Landesfürst und Staatssymbol. Stift Klosterneuburg 30. März-3. November 1985, hrsg. vom Amt der Niederösterreichischen Landesregierung Abt. III/2 – Kulturabteilung (Katalog des Niederösterreichischen Landesmuseums, Neue Folge 155, Wien 1985).